글 나응식

고양이로 세상을 이롭게 하고 싶은 나응신입니다. 그레이스 동물 병원 대표 원장이며 충북대학교 수의학과를 졸업하고 같은 대학원에서 박사 과정을 수료했어요. 한국고양이수의사회 부회장으로 활동하고 있으며, EBS 〈고양이를 부탁해〉, 유튜브 〈냥신 TV〉 외 다수 매체에 출연하고 있어요. 그동안 쓴 책으로 《잠시 고양이면 좋겠어》가 있습니다.

인스타그램 @vet_nes
이메일 byejoon22@naver.com

그림 댄싱스네일

홍익대학교 디지털미디어디자인학과를 졸업하고 일러스트레이터이자 그림 에세이 작가로 활동하고 있어요. 그동안 글을 쓰고 그림을 그린 책으로는 《게으른 게 아니라 충전 중입니다》《더 포스터 북 by 댄싱스네일》이 있으며, 《죽고 싶지만 떡볶이는 먹고 싶어》《그냥 흘러넘쳐도 좋아요》《혼자 있고 싶은데 외로운 건 싫어》에 그림을 그렸습니다.

인스타그램 @dancing.snail
이메일 goghanul@naver.com

 작가의 말

세 살의 마음을 들여다볼까요?

　고양이라는 생명체는 저 먼 우주에서 온 것 같은 신비로운 동물입니다. 그래서 우리는 고양이가 표현하는 말과 행동을 이해하기 어려울 때가 많습니다. 귀여운 배를 보이며 뒤집을 때, 귀를 간지럽히는 '야옹' 소리를 낼 때 조금만 찬찬히 봐 주고 조용히 소리를 들어 준다면 고양이의 마음을 쉽게 이해할 수 있을 거예요. 고양이는 세 살의 마음을 가진 어린아이처럼 우리에게 말을 건네고 있기 때문입니다.

　고양이는 우리와 다른 시간대에 살아가고 있습니다. 태어나고 1년 동안은 사람의 시간대보다 15배나 빠른 속도로 성장을 하고 2년까지는 9배의 속도, 그 후부터는 4배의 속도로 신체의 변화를 가지며 우리의 곁에서 생활을 합니다. 태어난 지 한 달이라는 시간만 지나도 어느새 쑥 커 버린 모습을 보이는 것도 이런 이유에서랍니다. 하지만 고양이는 태어날 때부터 고양이별로 떠날 때까지 줄곧 세 살의 마음을 가지고 살아갑니다. 이 글을 읽을 독자 분들의 곁에 지금 고양이가 있다면, 앞으로 고양이를 곁에 둘 거라면 세 살의 마음을 가지고 평생을 살아갈 고양이를 이해해 줘야 합니다. 세 살의 어린 동생을 돌보는 마음으로, 세 살의 친구를 바라보는 마음으로 고양이의 곁에 있어 주는 것이지요.

세 살의 마음은 어떤 마음일까요? 기분이 좋을 때는 좋은 마음을, 화가 날 때는 화난 마음을, 긴장이 될 때는 얼어붙은 마음을 그대로 보여주는 것이에요. 세 살의 마음에 복수심과 수치심 그리고 사람을 무시하는 마음이란 있지도 않으며 가지지도 않을 것입니다. 고양이들의 마음의 눈높이는 우리가 생각하는 것보다 훨씬 낮은 곳에 있고 복잡하지 않기 때문입니다. 조금만 눈높이를 낮추어서 단순하게 바라봐 준다면 생각보다 쉽게 고양이와 마음의 이야기를 나눌 수 있을 것입니다.

이 책을 통해 도통 잘 모르겠고 이해하기 어려운 행동을 하는 고양이에게 조금은 편하게 다가갈 수 있기를 바랍니다. 고양이가 우리와 가까워진다면, 곁에 있는 동안 무한한 기쁨과 행복감을 선사해 줄 것이랍니다. 자, 세 살의 마음을 들여다볼 준비가 되었나요?

더불어 항상 의지가 되는 사랑하는 가족과 원고 작업에 많은 도움을 준 Claire 님에게 감사의 말을 전합니다.

2020년 나응식

 # 고양이의 가족을 소개합니다

엄마
캣맘으로 평소에 아파트 단지 내 길고양이에게 먹이와 물을 챙겨 준다. 아기 고양이 딱지가 길을 헤매다가 민규네 집을 찾아간 이유가 엄마 때문일까?

아빠
반려동물을 좋아하지 않았지만 길고양이를 돌보는 아내의 영향으로 조금씩 고양이에 관심을 가져가는 중이다.

차례

작가의 말 · 6
고양이의 가족을 소개합니다 · 8

너를 처음 만난 날 · 12
안녕, 친해지고 싶어
함부로 만지지 마
최소한의 거리는 필요해
친해지고 싶어
만져 줘

세 살의 마음 · 24
골탕 먹이는 게 아니야
뭘 잘못했는지 모르겠어
부끄럽지 않아
매우 신나!
무서워
사랑해
질투 나

꼬리로 말을 해 · 42
자신감 넘쳐
무척 반가워
누구였더라?
낯설고 두려워
주위를 신경 쓰고 있어
너와 싸울 수도 있어
나 무섭지?
호기심을 느껴

얼굴로 말을 해 · 60
놀라워
약간 흥분돼
편안해
자신 있어
두려워
재미있는 일이야?
궁금해
모든 소리가 궁금해
무슨 일이 생기는 걸까?
신경 쓰여
겁나
긴장돼
조금은 무서워
보고 싶었어!

5장 소리로 마음을 표현해 · 90

뭔가를 나에게 해 줘
너무 기대돼
사냥 놀이를 하고 싶어
너와 있어 기분이 좋아
다가오지 마
지금은 그만해

6장 몸이 말을 해 · 104

너를 믿고 있어
어떤 상황인지 궁금해
포근해
마음이 평화로워
짜증 나
무서워서 화가 나
놀고 싶어
신나게 놀 거야
사냥 연습을 할 거야
사냥 놀이하자
나랑 놀자

7장 아플 땐 이렇게 표현해 · 128

똑바로 앉을 거야
조금 웅크리고 싶어
몸을 둥글게 말고 싶어
눕고 싶지만 버틸 거야
옆으로 누워 있는 게 편해

8장 나이 먹는 게 느껴져 · 140

모든 일은 나에게 큰 의미야
자극에 민감해
익숙한 것이 좋아
늙고 있는 것이 느껴져
잊고 싶지도 잊혀지고 싶지도 않아

치즈색 얼룩무늬 고양이
쉽게 그리는 방법 · 152

집사라면 반드시 풀어야 할
고양이 마음 탐구 영역 · 154

너를 **처음** 만난 날

안녕, 친해지고 싶어

네게 다가설 때 내 코는 너를 향해 있어.

네 손끝이 내 코에 닿으면 반가움을 담은 인사가 돼.

어떤 손가락 끝으로든 나에게 다가올 수 있어.

어떤 손가락 끝으로든 나를 반겨 줘도 좋아.

나는 너와 인사를 하고 친해지고 싶어.

코 인사하기

고양이가 코를 내미는 건 인사를 하는 거예요. 손가락 끝으로 고양이의 코를 두드려 친구와 인사하듯 인사를 받아 주세요.

꼬리는 감정을 표현하기 때문에 소중해.

발은 궁금함을 해소하기 때문에 소중해.

배는 나를 보호하기 때문에 소중해.

목 뒤는 쳐다볼 수 없는 곳이라 예민해.

나의 소중하고 예민한 곳을 조심스럽게 대해 줘.

다른 사람이 너의 눈과 코와 손을

조심스럽게 만지듯.

 발, 꼬리, 목덜미는 조심히!

고양이의 꼬리, 발, 배 등을 갑작스럽게 만지거나 목덜미를 꼬집듯이 잡으면 고양이에게 불쾌감을 줄 수 있답니다.

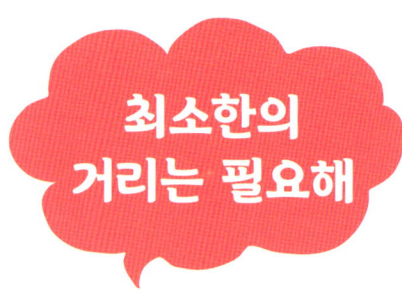

다가오는 발소리에 먼저 귀를 쫑긋해.

다가오는 냄새에 수염이 향해.

잠깐만! 처음에는 1.8미터의 거리를 지켜 줘.

너와 나의 마음의 거리는 1.8미터부터 시작돼.

조금씩 좋은 느낌으로 이 거리를 좁혀 가자.

 고양이의 퍼스널 스페이스

고양이가 심리적으로 편안함을 느끼는 거리인 '퍼스널 스페이스(personal space)'는 대략 1.8미터 정도라고 알려져 있습니다. 이 거리는 보호자에 대한 신뢰감과 밀접하게 연결되어 있답니다.

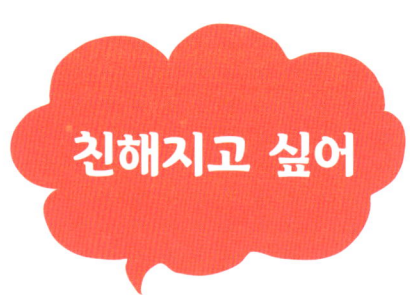

친해지고 싶어

엄마는 너의 볼을 부비며 사랑한다고 말을 해.

아빠는 너를 힘껏 안으며 사랑한다고 말을 해.

동생은 너의 팔을 꼬옥 안으며 사랑한다고 말을 해.

나의 볼을 너에게 부비고

나의 몸을 너의 다리 사이에 비비고

나의 꼬리를 너의 팔에 살짝 감으며

사랑한다고 친해지고 싶다고 말할래.

 **고양이의 비비기**

알고 보면 고양이는 보호자에게 애정 표현을 많이 하는 동물입니다. '알로러빙(allorubbing)'이라고 하는 비비기가 대표적인 방법입니다.

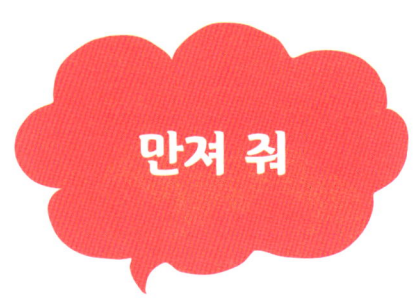

네가 숙제를 잘하면

엄마는 머리를 쓰다듬으며 칭찬해.

나도 사냥 놀이에 성공하면 칭찬받고 싶어.

따뜻한 손길로 내 엉덩이를 토닥여 준다면,

부드러운 손길로 살포시 엉덩이를 다독여 준다면,

내 마음은 기쁨으로 가득찰 거야.

 궁디 팡팡

고양이는 신체 부위 중 꼬리 바로 앞의 엉덩이를 만져 주는 것을 가장 좋아해요. 보호자가 고양이의 엉덩이를 토닥토닥하는 것을 '궁디 팡팡' 이라고 해요.

세 살의 마음

골탕 먹이는 게 아니야

하필 네가 친구와 노느라 집에 늦게 들어온 날,

나도 모르게 네 이불에 실수를 했어.

네가 늦어서 그런 게 아니야.

네가 미워서 그런 게 아니야.

네가 싫어서 그런 게 아니야.

오줌이 나오는 걸 참지 못한 것뿐이야.

복수심을 느끼지 않아요

사람의 감정을 고양이도 가지고 있을 거라고 잘못 생각하는 경우가 많아요. 그중에 대표적인 것이 '복수심'인데, 고양이는 복수심을 느끼지 않아요.

뭘 잘못했는지 모르겠어

오줌으로 노랗게 얼룩진 이불을 보고

네가 짜증을 냈어.

그 소리에 놀라 책상 밑에 웅크려 앉았어.

큰소리에 놀라고 어리둥절한 마음에 겁이 나.

단지 소변이 급했을 뿐인데…….

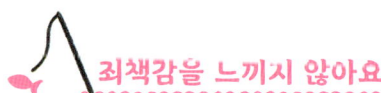

죄책감을 느끼지 않아요

고양이는 많은 실수를 하지만 그에 대한 죄책감을 느끼지 않아요. 잘못된 행동이라는 것을 가르쳐 준다면 실수를 안 하려고 노력할 거예요.

부끄럽지 않아

넌 나를 오줌 묻은 이불 위에 올렸어.

번진 오줌 자국을 보여 주며

"창피하지 않아?"라고 물었어.

창피하지 않아. 부끄럽지 않아.

단지 급했을 뿐이야.

폭신한 카펫, 폭신한 이불,

발에 폭신한 느낌이 닿는 곳이라면

어디든 내 화장실이 될 수 있어.

 수치심을 느끼지 않아요

고양이의 정서적인 나이는 세 살 아이와 같아요. 세 살 아이가 소변 실수를 하고 부끄러워하지 않듯이 고양이도 소변 실수를 창피해 하지 않아요.

매우 신나!

몸을 웅크리고 엉덩이를 실룩거려.
원래부터 난 뛰어난 사냥꾼이야.
내 뒷다리는 총알처럼 빠르게
튀어 나갈 준비가 돼 있어.
네가 든 낚싯대 장난감을 낚아챌 거야.
가끔은 천천히, 가끔은 빠르게 움직여 줘.
난 더욱 멋진 몸짓으로 덥석 목표물을 잡을 거야!
몸보다 높이 점프를 하면 매우 신나!

 자부심을 느끼지 않아요

성취감, 자부심 같은 감정을 고양이는 느끼지 않아요. 대신 사냥 놀이 중에 목표물을 잡고 나서는 즐거움 또는 만족감을 느낀답니다.

무서워

네가 급하게 방으로 들어가며
'쾅' 하고 닫은 문소리가 무서워서 몸이 얼어 버렸어.
엄마의 휴대 전화기 너머로 들려오는 깔깔거리는
웃음소리가 무서워 소파 밑으로 도망쳤어.
소파 밑에 웅크린 날 꺼내려는 큰 손에
앞발을 휘둘러 상처를 내 버리고 말았어.

 무서울 때 하는 세 가지 행동

고양이는 공포심을 느낄 때 얼어 버리기, 도망가기, 싸우기 중 한 가지 행동을 결정해서 해요.

사랑해

소파에 앉아 텔레비전을 보는 네 무릎에
등을 기대며 앉는 건 나만의 '사랑해.'
아직 꿈속을 헤매고 있는 네 배 위에 걸터앉아
엉덩이를 보여 주는 건 나만의 '사랑해.'
나를 쓰다듬으려는 네 손에 먼저 다가가
살짝 쿵 머리를 부딪히는 건 나만의 '사랑해.'
식탁에 앉아 밥을 먹는 네 다리 사이에
몸을 비비는 건 나만의 '사랑해.'

눈을 천천히 깜빡이며

너를 바라보는 건 나만의 '사랑해.'

캣타워처럼 높지 않고 소파 밑처럼 낮지 않은

네 무릎의 온기를 느끼는 건 나만의 '사랑해.'

엄마 옆에 조용히 누워 꼭 기대어 자는 건

나만의 '사랑해.'

가족과 같은 공간에 있기만 해도

가족을 보기만 해도 올라가는 꼬리는

나만의 '사랑해.'

애정 표현 방법이 많아요

고양이는 보호자를 신뢰하고 사랑하는 표현을 아주 다채롭게 합니다. 같이 생활하다 보면 고양이의 애정 표현을 자주 보게 될 거예요.

질투 나

바스락바스락 소리가 나는 곳으로 달려갔어.

어? 나 주려고 과자 봉지를 뜯은 게 아냐?

심통이 나서 너와 하민이 사이를

비집고 들어갔어.

괜시리 질투가 나 꼬리를 이리저리 돌리며

둘 사이를 방해했어.

나도 과자 줘!

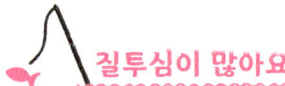
질투심이 많아요

고양이는 질투심이 있어요. 보호자에게 관심받고 싶거나 요구하는 것이 있을 때 훼방하며 참견하기도 합니다.

꼬리로 말을 해

자신감 넘쳐

익숙한 이 공간은 나의 페로몬으로 넘쳐.

식탁 다리 여기저기, 방문 옆 모서리,

가족들이 텔레비전을 시청하며 앉아 있는 소파 옆,

나를 반기며 걸어오는 엄마의 다리,

내 공간으로 느껴지는 모든 곳에서

내 꼬리는 곧게 서 있어.

꼬리가 서 있을 때

익숙한 공간에서 자신감이 가득해진 고양이의 꼬리는 항상 서 있어요. 페로몬은 같은 종의 동물끼리 의사소통할 때 사용하는 화학적 물질이에요.

무척 반가워

띠릭 띠릭

현관문 열리는 소리가 나.

몇 시간이 흘렀을까?

학교에서 네가 보내는 시간은 여덟 시간.

집에 있는 나의 시간은 서른 두 시간.

너를 기다리던 마음이 꼬리 끝 두 마디를 타고

너에게로 가.

꼬리가 서 있고 꼬리 끝이 앞을 향해 있을 때

꼬리 끝이 보호자를 향해 있다는 것은 반가움의 표시예요. 또한 고양이의 신체 시간은 사람보다 네 배 정도 빠르게 흐른답니다.

누구였더라?

누구였더라?

익숙한 냄새는 누구였더라?

익숙한 모습은 누구였더라?

반가운 마음에 꼬리는 서 있지만

누구인지 확실치 않아

앞을 향해 가지 못한 나의 꼬리.

실룩거리며 뒤를 향한 나의 꼬리.

꼬리가 서 있고 꼬리 끝이 뒤를 향해 있을 때

고양이가 상대방을 100퍼센트 알아볼 경우 꼬리 끝이 앞으로 가고, 상대방을 확실히 알아보지 못할 경우에는 꼬리 끝이 뒤를 향합니다.

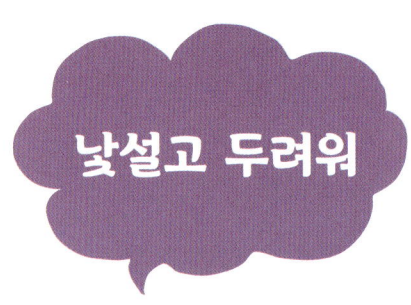

낯설고 두려워

처음 이곳에 왔던 날이 생각나.

너와 가족들을 만났을 때 많이 어색했어.

새롭게 보이는 물건과 낯설게 느껴지는 냄새에

나도 모르게 마음이 움츠러들었어.

나도 모르게 꼬리가 배 안으로 말려 들어갔어.

 꼬리가 배 안으로 들어가 있을 때

고양이는 낯선 장소에 오면 두려움을 느끼고 꼬리를 마는 몸짓을 합니다.

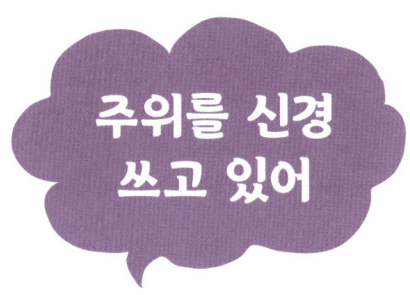

주위를 신경 쓰고 있어

오늘 시험을 망쳤니?

친구와 말다툼을 했니?

네 어깨가 축 내려가 있어.

큰 소리로 반갑게 나를 불러 주던 목소리가

나지막이 내려가 있어.

네 모습이 무척 신경 쓰여서

내 꼬리가 눈치를 보는 중이야.

꼬리가 지면과 수평일 때

고양이는 꼬리를 평평히 쭉 뻗어 바닥과 수평으로 두고 주위를 관찰하는 경향이 있어요. 또한 고양이는 보호자의 좋지 않은 기분을 금방 알아챕니다.

> **너와
> 싸울 수도 있어**

앞에 있는 고양이는 누구지?

친하게 지내자는 걸까?

동그란 얼굴로 왜 그렇게 빤히 보는 걸까?

싸워야 할지 안아 줘야 할지 모르겠어.

올라가야 할지 내려가야 할지

갈피를 못 잡는 내 꼬리의 방향.

꼬리가 바닥과 45도일 때

고양이의 꼬리가 수직도 아닌 수평도 아닌, 완전히 내려가 있지도 않은 상태는 상대방에게 전투 감정을 나타내는 것입니다.

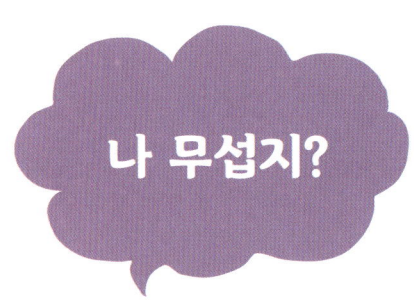

나에게 관심이 있어서 그러는 걸까?

다른 고양이가 묻지도 않고

내 몸의 냄새를 맡으면 불쾌해.

묻지도 않고 놀자며 배를 보여 주거나

두 발로 깡총깡총 뛰는 모습을 보면 불편해.

난 아무런 준비가 안 되었는데 빤히 쳐다보면

더 이상 참을 수 없어!

꼬리를 세우고 털을 풍선처럼 부풀려서

내가 더 크다고 알려 줄 거야.

 **꼬리를 부풀릴 때**

고양이는 상대방에게 크게 보이기 위해 꼬리를 세워 부풀려요.

호기심을 느껴

동생에게 내 이야기를 하고 있는 거야?

엄마에게 내가 몰래 간식을 꺼내 먹은 걸 말하고 있는 거야?

아빠에게 내가 장난감에 반응을 안 했다고 다른 장난감을 사 달라고 하는 거야?

뒤를 보이며 앉아 있지만 난 다 듣고 있어.

내 꼬리가 듣고 있어.

앉아서 꼬리 끝만 실룩거릴 때

고양이는 주위에 관심사가 있을 때 대상을 직접 보지 않더라도 귀를 그쪽으로 돌리거나 꼬리를 실룩거리며 관심을 가지기도 한답니다.

4장

얼굴로 말을 해

따뜻한 햇살이 온몸을 휘감는 창가가 좋아.

창밖의 잎사귀들이 따뜻한 이불이 되듯

바닥에 소복이 쌓여가는걸.

나무 위에서 지저귀던 새들이 날아올라

하늘의 점으로 사라지는 게

내 눈에는 정말 놀랍고 즐거워.

움직이는 새들을 눈 안에 담고 싶어서

호수처럼 눈을 크게 뜨고 있어.

 눈동자가 동그랗게 커져 있을 때

움직이는 사물을 보는 동체 시력이 발달한 고양이에게 창가는 매우 흥미로운 장소예요. 날아다니는 새를 볼 때 고양이의 눈은 동그랗게 커져요.

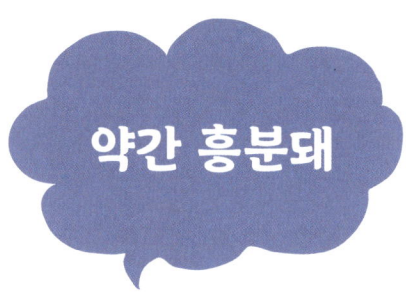

약간 흥분돼

가족들이 모두 분주한 아침,
퇴근할 때 내 선물을 사 오겠다고 말하는
아빠의 목소리가 들떠 있었어.
저녁 늦게 아빠는 장난감을 잔뜩 들고 왔어.
어떤 장난감일까?
바스락바스락 아빠가 장난감을 뜯는 소리에
내 눈은 아몬드 모양이 되었어.

 눈동자가 아몬드 모양처럼 될 때

고양이는 흥미로움을 느낄 때 눈이 아몬드 모양으로 변합니다. 더욱 흥분하거나 기대가 될 때는 동그란 모양이 되기도 해요.

편안해

아그작아그작 좋아하는 간식을 깨물어 먹을 수 있고
따뜻한 햇살이 내 몸의 반을 덮어 주는 소파 귀퉁이.
털을 한 올 한 올 혀로 정돈하는 이 시간,
몸과 마음이 찬찬히 데워지는 평화가 올 때
내 눈동자는 가는 실 모양이 돼.

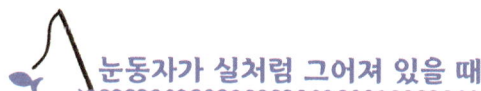 **눈동자가 실처럼 그어져 있을 때**

안정된 감정을 느낄 때 고양이의 홍채는 수직으로 된 가느다란 실 모양이 됩니다.

자신 있어

거실이 다 내려다보이는 이곳,

가족들의 모습이 다 보이는 이곳,

캣타워 위에서는 자신감이 생겨.

앞발을 살포시 내딛고

엄마 아빠와 동생과 오붓이 이야기하는

너의 모습을 볼 때면

내 수염이 편안히 내려가.

 수염이 아래로 내려가 있을 때

수직 공간을 사랑하는 고양이는 높은 곳에서 관찰할 때 자신감이 생겨요. 그때 수염은 내려가 있습니다.

두려워

우당탕!

아빠가 아끼던 소중한 액자가 떨어졌구나.

소리에 놀라 내 수염이 뒤로 움츠러들었어.

너도 놀라 어깨가 움츠러들었어.

괜찮아, 별일 없을 거야.

아빠는 너를 혼내지 않을 거야.

내가 수염을 곧바로 편하게 내린 것처럼

너도 움츠린 어깨를 펴렴.

 **수염이 뒤로 젖혀질 때**

청각이 발달한 고양이는 갑작스러운 소리에 공포를 느낍니다. 고양이가 놀라거나 두려움을 느끼면 수염을 뒤로 젖힙니다.

> **재미있는
> 일이야?**

장난감이 딸랑딸랑.

소파 뒤일까? 식탁 밑일까?

아니면 네가 문 뒤에서 흔드는 소릴까?

내 귀가 안테나처럼 움직이기 시작해.

귀를 쫑긋 세우고 소리가 나는 곳으로

달려갈 거야!

귀가 앞을 향해 있을 때

소리 자극이 있을 때 고양이는 귀를 앞을 향해 세운답니다.

바스락바스락

무슨 소리일까?

바닥으로 촤르륵 떨어지는 낚싯대 장난감이야!

소리만 들어도 알 수 있어.

네가 휙휙 휘두르는 낚싯대 끝을 향해

내 수염이 앞으로 쭈욱 나가 있어.

 수염이 앞으로 향해 있을 때

고양이의 눈앞에 흥미로운 장난감이 있으면 수염이 제일 먼저 앞으로 나갑니다. 고양이의 수염은 눈앞 30센티미터까지 느낄 수 있어요.

모든 소리가 궁금해

평소에 간식 먹는 장소인 네모난 상자.

오늘은 이동장이 기차가 되어

나를 신나는 곳으로 데려가는 걸까?

바깥의 소리와 냄새가 상자 안으로 들어와.

빵빵, 따르릉, 철커덕, 새로운 소리를 귀에 담느라

내 마음도 귀도 분주해져.

귀가 위로 서 있을 때

고양이는 '크레이트'라는 이동장에 실려 외출을 합니다. 처음 외출하는 고양이는 호기심에 귀를 세워 많은 소리를 듣는답니다.

무슨 일이 생기는 걸까?

이동장을 덮고 있던 담요가 걷히는 순간,

작게 들리던 소리가 커지는 순간,

지금껏 맡아 보지 못한 냄새가 밀려오는 순간,

긴장된 마음으로 침을 꿀꺽!

너도 낯선 곳에 가면 떨리지?

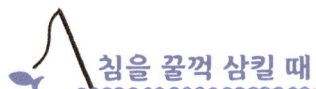

침을 꿀꺽 삼킬 때

고양이가 낮은 단계의 스트레스를 받을 때에는 침을 꿀꺽 삼킵니다.

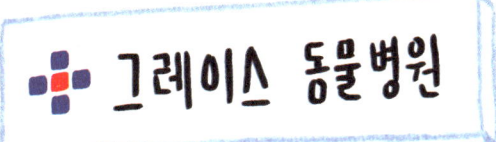

신경 쓰여

여긴 어디일까?

여행을 떠나는 고양이들의 기차역일까?

다른 동물의 울음소리에 귀가 펄럭거려.

다른 사람의 발자국 소리에 귀가 쫑끗거려.

모든 소리가 궁금해서 귀를 가만히 놔둘 수 없어.

귀가 갑자기 펄럭거릴 때

고양이는 주위의 소리에 신경 쓸 때 귀를 펄럭거립니다.

겁나

낯선 곳, 이동장이 열리자

나도 모르게 몸이 움츠러들었어.

병원인 줄은 꿈에도 몰랐어.

갑자기 많은 불빛이 쏟아져 눈을 뜰 수 없어.

갑작스러운 소리에 겁이 나

귀를 뒤로 힘껏 젖혔어.

 **귀가 뒤로 젖혀져 있을 때**

이동장의 문이 열리면 대부분의 고양이는 몸과 귀를 한껏 움츠립니다.
두려움을 느끼며 방어적인 몸짓을 하는 거예요.

진료가 시작되면 심장 박동이 빨라져.

다리가 얼어붙고 호흡도 빨라져.

작은 검사기가 귓속으로 들어오자

당황스러운 마음에 코까지 빨개져.

너도 치과에서 입을 한껏 크게 벌린 후

입안으로 검사기가 들어오면 얼굴이 빨개지지?

 코의 색깔이 갑자기 분홍색이 될 때

고양이가 긴장을 하면 코가 분홍색으로 변합니다. 고양이가 동물 병원에 가는 기분은 어린아이가 치과에 가는 기분과 같아요.

조금은 무서워

의사 선생님 목소리와 손길, 진료실 냄새,
병원의 모든 게 익숙하지 않아.
나도 모르게 코가 간지러워져 핥고 있어.
너도 모르게 치과에서는 입맛을 다실 거야.
병원은 너도 나도 모르게 쩝쩝거리는 곳.

입맛을 다시면서 입술로 코를 핥을 때

고양이는 긴장할 때 코를 핥아요. 사람이 긴장할 때 입맛을 다시는 것과 비슷하지요.

보고 싶었어!

하루가 지났을까?

이틀이 지났을까?

여행 간 가족들은 즐거운 시간을 보냈을까?

타박타박 문밖에서 들리는 너의 발소리.

또각또각 문밖에서 들리는 엄마의 발소리.

현관문이 열리자 내 꼬리가 위를 향해

부르르 떨리고 있어.

마치 하늘로 날아갈 것 같은 마음이야.

 꼬리를 세우고 부르르 떨 때

반가운 마음을 표현할 때 고양이는 꼬리를 수직으로 세운 채 떨어요.

5장

소리로
마음을 표현해

뭔가를 나에게 해 줘

"엄마, 엄마!"

네가 화장실에서 엄마를 부를 땐 휴지가 필요해서야.

"야옹, 야옹!"

내가 너를 부를 때에도 뭔가가 필요해서야.

나에게 필요한 게 밥일 수도 관심일 수도

따뜻한 손길일 수도 있어.

내가 "야옹" 하고 부를 땐 언제든 나를 한 번 봐 줘.

야옹대며 울 때

고양이 사이에서 '야옹' 소리는 위치를 알리기 위해서 사용해요. 하지만 보호자에게 '야옹' 하고 울 때에는 무언가를 요구할 때예요.

네가 향하는 곳은 내가 좋아하는 장소,

그곳은 내 마음을 설레게 해.

바스락바스락 봉지를 뜯는 소리일까?

딸가닥딸가닥 캔을 따는 소리일까?

간식 시간이 너무 기대돼서

나도 모르게 입안에서 새어나오는 '또로롱' 소리.

 트릴링을 할 때

고양이가 기대에 찬 상황에서 내는 소리를 트릴링(trilling)이라고 해요.
마치 구슬이 쟁반에서 굴러가는 소리 같아요.

> **사냥 놀이를 하고 싶어**

오늘도 창가 근처에 새가 놀러 왔어.

빠른 날갯짓으로 왔다가 멀어지는 참새와

여유롭게 기웃거리다 가 버리는 비둘기와

친구가 되어 같이 놀고 싶어.

날아가는 새를 보며 아쉬워하는 내 마음의 소리.

딱 딱 딱, 꺅 꺅 꺅

채터링을 할 때

창가에 앉은 고양이가 사냥 본능을 느끼고 아쉬움을 표현하는 소리를 채터링(chattering)이라고 합니다.

너와 있어 기분이 좋아

이마부터 머리 뒤까지 쓰다듬는 손길이 좋아.

더욱 편안하게 나를 만질 수 있게

네 무릎 위에 살포시 올라가 있을게.

품속에 안겨 금방이라도 잠들 것 같아.

안정감이 좋아 내는 소리.

골 골 골

편안한 손길이 그리워 내는 소리.

그렁 그렁 그렁

 퍼링을 할 때

고양이가 기분이 좋을 때 내는 소리를 퍼링(purring)이라고 해요. 통증을 감소시키는 데 유용한 진동 소리예요.

다가오지 마

몰라서 그랬어. 놀라서 그랬어.

갑자기 꼬리를 밟혀서 나도 모르게 소리를 질렀어.

너인 줄 모르고 날카로운 소리를 내고 말았어.

내 꼬리를 실수로 밟은 거 맞지?

하악질을 할 때

고양이가 공격을 당했을 때 내는 방어적인 소리를 하악질(hissing)이라고 해요.

> **지금은 그만해**

걱정하지 않아도 돼.

꼬리를 밟히고 놀랐지만 15분 정도 지나면 괜찮아.

지금은 위로가 필요하지 않아.

잠시 혼자서 마음을 정리할 시간이 필요해.

내 마음을 달랠 너의 소리에, 위로를 할 너의 손짓에

으르렁할 수밖에 없어!

으르렁거릴 때

고양이가 하악질을 했다면 건들지 않는 것이 좋아요. 달래려고 다가오거나 다른 행동을 하면 고양이는 으르렁(growling) 소리를 낼 거예요.

몸이 말을 해

집 안을 유유히 걷다가 너와 마주쳤어.

내 마음을 드러내 보이고 싶은데

말로 표현할 수 없어 등을 대고 누웠어.

항상 믿고 의지하는 거 알지?

벌러덩 누워 버릴 때

고양이가 갑자기 배를 보여 주며 벌러덩 눕는 것은 보호자를 믿는다는 신뢰의 몸짓이에요.

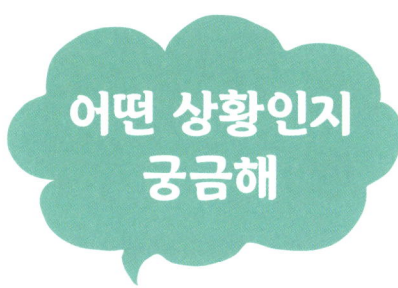

어떤 상황인지 궁금해

앗, 무슨 소리지?

집에서 제일 높은 캣타워에서도 들리는 이야기.

앗, 무슨 일이야?

너와 하민이가 이야기하는 모습.

앞발을 내디디고 앉아 좀 더 가까이 보고 싶어.

 수직 공간에서 앞발을 내디디고 지켜볼 때

고양이는 높은 곳에서 지켜보는 걸 좋아해요. 궁금한 일이 있으면 가만히 앉아 앞발만 내디디고 지켜보지요.

식빵 좋아하니?

혹시 내 몸이 식빵 같지 않아?

앞발을 가슴 안으로 쏘옥 넣고 있으면

마음이 포근해져.

이불을 뒤집어쓰고 웅크리고 있는 것처럼 편안해.

발을 가슴 안에 넣고 웅크릴 때

고양이가 휴식을 취하거나 안정을 느낄 때 식빵 모양처럼 몸을 웅크려요.

> **마음이 평화로워**

따각 따각 보드 게임을 하는 엄마랑 너.

도란도란 책 이야기를 하는 아빠랑 하민이.

햇볕 가득한 거실에 앉아

가족들을 볼 때면 마음에 평화가 찾아와.

나도 모르게 몸이 마음을 따라 옆으로 누워져.

옆으로 누워 있을 때

옆으로 눕는 자세는 고양이가 좋아하는 몸짓 언어 중 하나로, 편안할 때 자주 취해요.

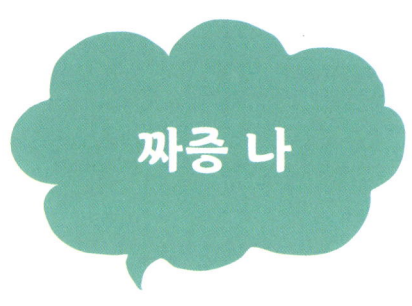

짜증 나

네 친구들이 놀러와 쿵쾅쿵쾅 뛰는 소리,

왁자지껄 떠드는 소리.

누군가 다가와서 내 앞발을 만진다면,

갑작스레 내 배를 만진다면

벌떡 일어나서 등을 구부릴 거야.

짜증 나! 저리 가!

 등을 아치 모양으로 만들 때

고양이가 소리에 예민해져 가벼운 짜증과 화를 낼 때 등을 아치 모양으로 만들어요.

무서워서 화가 나

너에겐 화가 나도 작은 소리로 말을 해.

너에겐 짜증 나도 상냥하게 표현해.

네 친구들은 예의를 지켜 주면 좋겠어.

난 장난감이 아니야!

서툰 손길로 불편하게 나를 만진다면

꼬리와 등을 팽팽하게 부풀려

화난 활처럼 만들 거야.

 등을 활처럼 팽팽하게 부풀릴 때

경계심이 많은 고양이가 낯선 사람의 행동에 불쾌감을 느끼면 몸을 활처럼 팽팽하게 부풉니다.

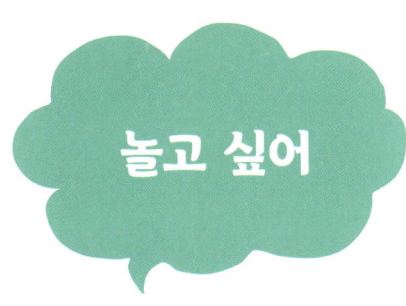

놀고 싶어

깃털이 달린 낚싯대 장난감이 신기하고 좋아.

눈 위에서 펄럭, 코앞에서 팔락, 신기하고 재미있어!

발라당 배를 보이며 누운 채로

앞발을 힘껏 내밀 거야.

뒷발도 한껏 뻗어 낚싯대를 잡고 싶어.

배를 보이며 누울 때

고양이는 눈앞의 장난감을 잡고 싶을 때 배를 보이며 누워 버립니다. 놀고 싶다는 몸짓 언어예요.

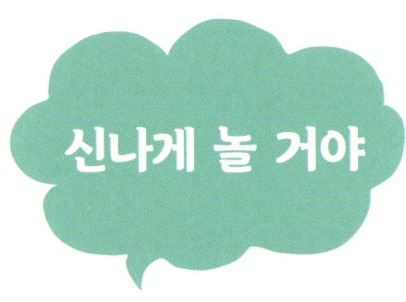

신나게 놀 거야

하늘 위에 떠 있는 풍선을 잡으려고

껑충껑충 뛴 적 있지?

반짝반짝 투명한 비눗방울을 터트리려고

깡충깡충 뛴 적 있지?

딸랑딸랑 방울 소리, 쉬익 쉬익 움직이는 깃털 소리,

나도 너무 신이 나 두 발로 깡충깡충 뛰고 있어.

뒷발로 서 있을 때

고양이는 눈앞의 장난감을 잡고 싶을 때 뒷발로 서기도 합니다.

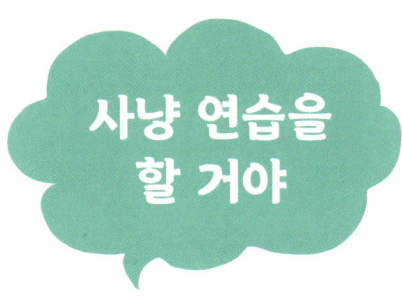

사냥 연습을 할 거야

이건 무슨 향이지?

기분 좋은 캣닢 향이 나는 기다란 쿠션을

앞발로 꽉 안고 뒷발로 팡팡 칠 거야!

사냥에 멋지게 성공한 기분이야.

난 원래 뛰어난 사냥꾼이거든.

뒷발로 발길질을 할 때

'뒷발 팡팡'이라고도 하는 발길질 자세는 야생 고양이가 먹잇감을 사냥하는 자세예요.

사냥 놀이하자

어슬렁어슬렁

재밌는 일이 없을까?

오늘도 나에겐 거실이 정글 숲 같아.

저 멀리 떨어져 있는 캣닢 공이 보여.

마치 풀숲에 숨어 있는 먹잇감 같아.

자 봐!

단번에 먹잇감을 낚아채

내 사냥 실력을 뽐낼 거야!

 **장난감을 입에 물고 올 때**

고양이가 장난감을 입에 물고 다니는 모습을 포식 행위(predatory behavior)라고 해요. 자신이 뛰어난 사냥꾼임을 보여 주는 행동이에요.

나랑 놀자

숙제가 많아?

책상 앞에 앉아서 열심히 글씨를 쓰는 너.

내가 물끄러미 쳐다봐도 몰라보는 너.

깡충 책상에 올라와 너를 보다가

쿡쿡 어깨 옆을 찔러.

쿡쿡 옆구리를 찔러.

그만 거실에 나가 놀자.

쿡쿡 찌르기

고양이는 보호자에게 관심을 받고 싶을 때 조용히 보호자 옆에 와서 쿡쿡 몸을 건드립니다.

7장
아플 땐
이렇게 표현해

똑바로 앉을 거야

새소리에 귀를 쫑긋 열고 햇살에 눈을 떴어.

네가 소복이 담아 준 아침을 먹고

쪼르르 흐르는 물을 양껏 마셨어.

슬프지도 아프지도 않은 이 아침,

몸과 마음이 편해서 바른 자세로 앉아 있어.

몸과 마음이 편할 때

편안한 상태일 때 고양이는 똑바로 앉아 있어요. 일상생활에서 제일 많이 볼 수 있는 자세예요.

조금 웅크리고 싶어

엄마가 준 간식을 냠냠,

아빠가 준 고기를 한입,

동생이 준 츄르를 짭짭,

네가 준 사료까지 꿀꺽!

내 욕심으로 배탈이 났나 봐.

배가 아파서 웅크리고 싶어.

배탈이 났을 때

식탐이 있는 고양이는 아무거나 다 먹어요. 그러다 배탈이 나면 복통으로 몸을 웅크리게 됩니다.

몸을 둥글게 말고 싶어

급하게 먹다가 사료를 토했어.

새로운 간식을 먹다가 설사를 했어.

목이 말라 물을 마시니 속이 더욱 안 좋아.

기운이 빠져서 몸을 말고 쉬고만 싶어.

숨어서 몸을 말고 혼자 이겨내 볼 거야.

 소화기 질환을 겪을 때

고양이는 급하게 먹거나 낯선 음식을 먹으면 소화기 문제를 일으켜요. 잦은 구토로 탈수가 오면 움직임이 적어지고 몸을 동그랗게 만들어요.

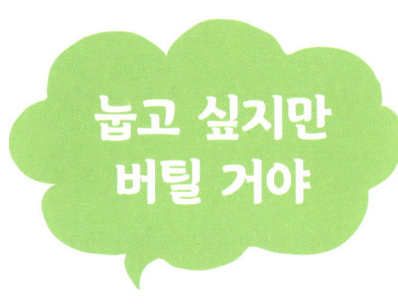

눕고 싶지만
버틸 거야

몸을 움직일 수 없고 머리를 들 힘만 있어.

시원하게 소변을 보고 싶은데 잘 나오지 않아.

화장실 앞에서 오줌을 지리고 말았지.

부쩍 잘 움직이지 않는 내가 걱정되니?

나를 병원에 데리고 갈 준비를 하니?

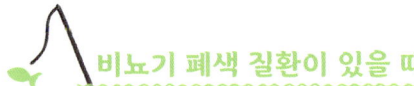 비뇨기 폐색 질환이 있을 때

고양이가 비뇨기 폐색 질환이 있으면 소변을 제대로 못 봐요. 그러다 쇼크 상태로 진행되면 몸을 움직이지 못하고 머리만 드는 경우가 많답니다.

옆으로 누워 있는 게 편해

간신히 숨만 쉴 정도로 힘들어.

끔뻑 눈만 떴다 감을 수 있는 정도야.

낯선 병원 냄새가 싫어도 울 수 없어.

작은 병실이 운동장처럼 넓게 느껴져.

이곳에서 빨리 치료받고 나아서

너랑 공놀이하며 뛰놀고 싶어.

급성 신부전이 왔을 때

고양이의 신장 기능이 급격히 떨어지면 통증이 심해 거의 움직이지 못해요. 병실에서 옆으로 누워 호흡만 하지만 빨리 회복할 수 있습니다.

8장

나이 먹는 게
느껴져

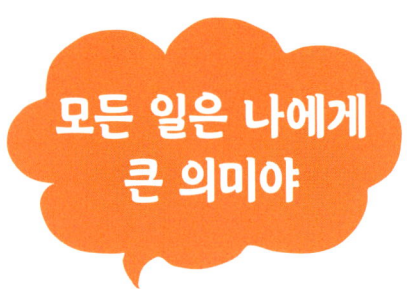

앞발이 간지러워 긁을 곳이 필요해.

소변이 마려워 볼일 볼 곳을 정해야 돼.

이빨이 나려는지 깨물 것이 필요해.

사냥 연습이 하고 싶고 친구와 뒹굴고 싶어.

새로운 냄새라면 입을 벌리고 다 분석할 거야.

 **사회화기 고양이의 마음**

생후 3주에서 8주의 사회화기 고양이는 5주 때에 스크래칭을 할 곳과 화장실 재질과 장소를 정하며 이빨이 자라나기 시작해 깨물기를 합니다. 냄새 분석을 하는 서비골 기관도 발달하게 되는 의미 있는 시기랍니다.

자극에 민감해

이리 킁킁, 저리 킁킁

집 안의 모든 냄새가 궁금해.

이리 쿵, 저리 쿵

네가 보여 주는 모든 놀이에 반응해.

창문 밖 새의 몸짓, 자동차의 움직임,

스르릉 자전거 바퀴가 아스팔트와 맞닿는 소리,

타박타박 네가 경쾌하게 걸어오는 소리까지

나에겐 흥미로운 자극이야.

청소년기 고양이의 마음

생후 3개월에서 12개월의 청소년기 고양이는 시각, 후각, 청각으로 느끼는 자극에 관심을 많이 가집니다.

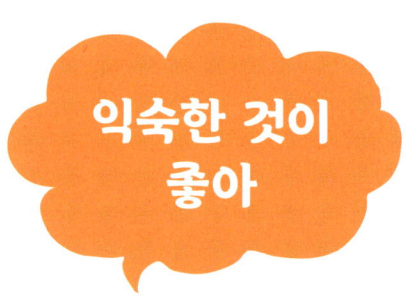

어렸을 때부터 먹던 엄마의 김치찌개 맛이 어때?

처음 네가 정성껏 비벼 주었던 캔을

아직도 난 좋아해.

소파 귀퉁이, 햇볕을 받으며 놓여 있는

담요 위를 아직도 난 좋아해.

새로운 것보다 익숙한 것이 좋아.

 성년기 고양이의 마음

1살 이상의 성년기 고양이는 어렸을 때부터 좋아했던 장소들을 기억하고 평생 지키려는 성향이 있어요. 식성과 선호하는 장소는 쉽게 바뀌지 않아요.

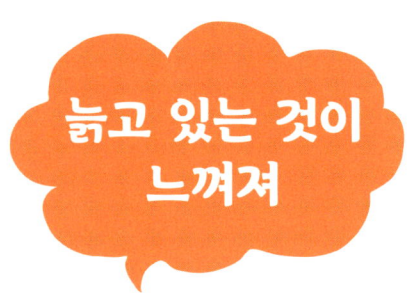

뛰어놀고 싶은 기분이 줄어들어.

쉽게 오르던 캣타워의 계단이 높아 보여.

5분도 하지 않은 사냥 놀이에 호흡이 빨라져.

오도독오도독 딱딱한 사료를 씹어 먹는 게 버거워.

조금씩 몸에 변화가 오는 게 슬퍼.

6살 이상의 중년기 고양이의 신체 나이는 사람으로 따지면 40대예요. 이 시기의 고양이에게는 심장병, 퇴행성 관절염, 치과 질환 등이 생겨납니다.

잊고 싶지도 잊혀지고 싶지도 않아

따뜻한 물방울이 하나씩 하나씩

얼굴로 똑똑 떨어져.

너의 떨리는 손길이

머리를 타고 몸으로 내려와.

아직 좋아한다고 표현하고 싶은데

아직 즐겁다고 말하고 싶은데

이제는 정말 이별을 해야 하나 봐.

나중에 만나면 너보다 내가 더

반갑게 인사할 거야.

노년기 고양이의 마음

고양이의 평균 수명은 15년이에요. 고양이가 보호자보다 먼저 고양이별로 떠나게 되면 천국에서 보호자가 오기를 기다린다고 합니다.

 # 치즈색 얼룩무늬 고양이 쉽게 그리는 방법

1) 먼저 가로 방향으로 조금 긴 타원형 모양으로 고양이의 얼굴을 그려 주세요.

2) 머리 양옆 위쪽에 세모 모양으로 귀를 그려 주세요.

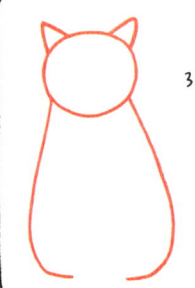

3) 목부터 아래로 길게 곡선을 그려 몸통을 만들어 주세요. 이때, 아래쪽으로 갈수록 몸통의 폭이 넓어지도록 그려 주세요!

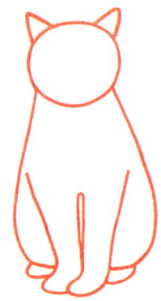

4) 몸통의 중앙 아래쪽으로 앞다리 두 개를 그려 주세요. 이때, 다리의 시작 지점부터 발끝으로 갈수록 폭이 좁아지도록 그려 주세요.

5) 몸통의 아래쪽에 동그랗게 뒷발 두 개를 그려 주세요.

6) 엉덩이에서 오른쪽 바깥으로 곡선을 길게 그어서 꼬리를 그려 주세요. 꼬리의 모양으로 고양이의 기분을 표현해 주어도 좋아요.

7) 눈꼬리가 살짝 올라가도록 동그랗게 양쪽 눈을 그려 주세요.

8) 홍채와 눈동자를 칠해 주세요.

9) 역삼각형 모양의 코를 그리고, 누운 3자 모양으로 입을 그려 주세요.

10) 코 양옆에서 얼굴 바깥쪽으로 곡선을 그어 수염을 그려 주세요.

11) 몸통과 얼굴 위쪽, 꼬리를 귤색으로 색칠해 주세요.

12) 주황색으로 다리와 꼬리에 줄무늬를 표현해 주세요.

13) 귀 안쪽과 양 볼 위를 분홍색으로 칠하면 완성이에요.

집사라면 반드시 풀어야 할
고양이 마음 탐구 영역

1. 고양이가 평생 가지게 되는 마음의 나이는 사람의 몇 살과 같을까요?
① 7살 ② 3살 ③ 5살 ④ 12살

2. 고양이가 무서울 때 나타나는 대표적인 3가지 행동이 아닌 건 무엇일까요?
① 얼어 버린다. ② 도망간다. ③ 발라당 뒤로 눕는다. ④ 싸운다.

3. 고양이의 신체 나이는 사람보다 몇 배 더 빠르게 먹을까요?
① 똑같음 ② 2배 ③ 3배 ④ 4배

4. 고양이가 싸우려고 할 때 꼬리의 모양은 어떻게 할까요?
① 90도로 세운다. ② 지면과 평평하게 한다.
③ 45도로 내린다. ④ 몸속으로 꼬리를 말아 넣는다.

5. 고양이가 반가운 사람을 만났을 때 꼬리의 모양은 어떻게 할까요?
① 꼬리를 90도로 세운다. ② 휙휙 양옆으로 돌린다.
③ 꼬리 털을 부풀리며 세운다. ④ 몸속으로 꼬리를 말아 넣는다.

6. 안정된 감정을 느낄 때 고양이의 홍채 모양은 어떻게 될까요?
① 실처럼 가는 모양 ② 원처럼 동그란 모양
③ 아몬드처럼 갸름한 모양 ④ 앞의 모든 모양

7. 두려운 감정을 느낄 때 고양이의 수염은 어디로 향할까요?
① 앞으로 향한다. ② 밑으로 향한다. ③ 위로 향한다. ④ 뒤로 향한다.

8. 앞에서 재미있는 소리 자극이 있을 때 고양이의 귀의 모양은 어디를 향할까요?
   ① 앞으로 향한다. ② 뒤로 향한다. ③ 변화가 없다. ④ 밑으로 향한다.

9. 고양이의 수염은 몇 cm 앞까지 느낄 수 있을까요?
   ① 10cm ② 20cm ③ 30cm ④ 40cm

10. 고양이가 낮은 단계의 스트레스를 받을 때 하는 행동은 무엇인가요?
    ① 머리를 흔든다. ② 눈을 감는다.
    ③ 침을 꿀꺽 삼킨다. ④ 입을 벌린다.

11. 긴장하게 되면 고양이 코의 색깔은 어떻게 변할까요?
    ① 검정색 ② 파랑색 ③ 흰색 ④ 분홍색

12. 고양이는 매우 반갑다는 표현을 꼬리로 어떻게 할까요?
    ① 지면과 평평하게 한다. ② 밑으로 내린다.
    ③ 위로 세우고 부르르 떤다. ④ 꼬리 끝만 실룩거린다.

13. 기대감이 찰 때 고양이가 내는 울음소리는 무엇일까요?
    ① 하악질 ② 트릴링 ③ 야옹 ④ 으르렁

14. 창문에 사냥감이 나타났을 때 고양이가 내는 소리는 무엇일까요?
    ① 채터링 ② 트릴링 ③ 하악질 ④ 으르렁

15. 고양이가 화장실을 정하는 시기는 생후 몇 주일까요?
    ① 3주 ② 5주 ③ 10주 ④ 12주

16. 고양이의 평균 수명은 몇 살일까요?
    ① 10살 ② 15살 ③ 20살 ④ 25살

17. 고양이가 심리적으로 편안함을 느끼는 거리를 무엇이라고 할까요?

18. 고양이가 식빵처럼 몸을 웅크리고 있는 자세를 무엇이라고 할까요?

19. 고양이가 뒷발로 발길질을 하는 자세를 무엇이라고 할까요?

20. 보호자가 고양이의 엉덩이를 토닥토닥하는 행동을 무엇이라고 할까요?

<정답>
1.② 2.③ 3.④ 4.③
5.① 6.① 7.④ 8.① 9.③
10.③ 11.④ 12.③ 13.② 14.①
15.② 16.② 17. 페르소널 스페이스
18. 식빵 자세 19. 식빵 굽는 자세
20. 쿠션 만들기

고양이 마음 사전

1판 1쇄 발행 | 2020. 5. 7.
1판 4쇄 발행 | 2023. 6. 26.

나응식 글 | 댄싱스네일 그림

발행처 김영사 | **발행인** 고세규
등록번호 제 406-2003-036호 | **등록일자** 1979. 5. 17.
주소 경기도 파주시 문발로 197(우10881)
전화 마케팅부 031-955-3100 | **편집부** 031-955-3113~20 | **팩스** 031-955-3111

ⓒ 2020 나응식, 댄싱스네일
이 책의 저작권은 저자에게 있습니다. 저자와 출판사의 허락 없이 내용의 일부를 인용하거나
발췌하는 것을 금합니다.

값은 표지에 있습니다.
ISBN 978-89-349-9299-8　73810

좋은 독자가 좋은 책을 만듭니다. 김영사는 독자 여러분의 의견에 항상 귀 기울이고 있습니다.
전자우편 book@gimmyoung.com | 홈페이지 www.gimmyoungjr.com

이 도서의 국립중앙도서관 출판시도서목록(CIP)은 서지정보유통지원시스템
홈페이지(http://seoji.nl.go.kr)와 국가자료공동목록시스템(http://www.nl.go.kr/kolisnet)에서
이용하실 수 있습니다. (CIP제어번호 : CIP2020016720)

어린이제품 안전특별법에 의한 표시사항

제품명 도서　제조년월일 2023년 6월 26일　제조사명 김영사　주소 10881 경기도 파주시 문발로 197
전화번호 031-955-3100　제조국명 대한민국　⚠주의 책 모서리에 찍히거나 책장에 베이지 않게 조심하세요.